ERIC CARLES GROSSES BUCH DER TIERE

Mehr über Eric Carle und die kleine Raupe Nimmersatt
im Buchhandel oder unter
www.die-kleine-raupe-nimmersatt.de

2. Auflage 2023

Aus dem Englischen von Leena Flegler

Printed in China

ISBN 978-3-8369-6143-1

MIX
Paper from
responsible sources
FSC® C018179

ERIC CARLES GROSSES BUCH DER TIERE

Aus dem Englischen
von Leena Flegler

GERSTENBERG

DIE TIERE IN DIESEM BUCH

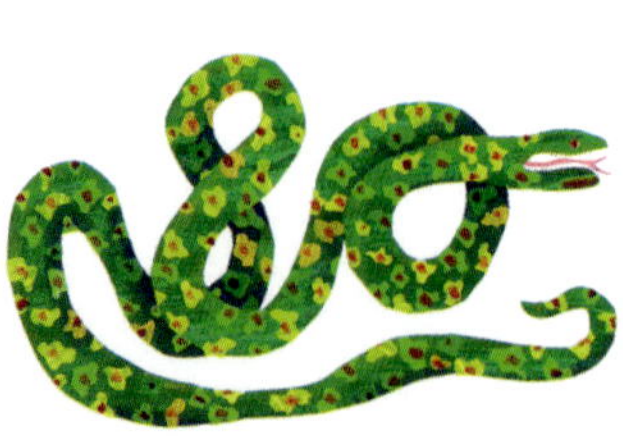

DSCHUNGEL-TIERE

Dschungel sind riesige Regenwaldflächen, in denen es das ganze Jahr über warm ist und fast täglich regnet. In den Baumkronen, auf dem Waldboden und unter der Erde lebt eine erstaunlich vielfältige Tierwelt: bildschöne Vögel, laut kreischende Äffchen, spektakuläre Reptilien und vieles mehr!

DSCHUNGELFREUNDE

Das Dreifinger-Faultier ist das langsamste Säugetier der Welt. Es verbringt fast das ganze Leben in Baumkronen, hängt in den Ästen und schlummert im Laub bis zu zwanzig Stunden am Tag friedlich vor sich hin.
Hier ein paar weitere Tiere, die sich mit dem Faultier den Lebensraum im Regenwald teilen …

das Gürteltier

der Salamander

der
Baumsteigerfrosch

das Nabelschwein

der Nasenbär

der Tapir

die
Fangschrecke

die
Blattschneiderameise

der Ameisenbär

AFFENZIRKUS

der Schimpanse

der Orang-Utan

der Gorilla

der Gibbon

der Brüllaffe

der Klammeraffe

Diese klugen Äffchen heißen Klammeraffen, weil sie sich beim Baumeln und beim Schwingen von Ast zu Ast nicht nur mit ihren langen Armen und Beinen, sondern auch mit dem Greifschwanz festklammern.

COOLE REPTILIEN

die Terekay-Schienen-
schildkröte

die Königsboa

die
Gelbe Anakonda

der Kaiman

der Leguan

der Alligator

der Stirnlappenbasilisk

Chamäleons sind ganz
erstaunliche Tiere:
Sie verändern ihre Hautfarbe,
um ihren Körper abzukühlen
oder aufzuwärmen.

FANTASTISCHE VÖGEL

Der große, farbenfrohe Schnabel des Tukans macht fast die Hälfte seiner Körperlänge aus. Mit dem gesägten Schnabelrand kann er perfekt Früchte schälen und Insekten fangen. Hier ein paar gefiederte Freunde des Tukans …

der Tukan

der Quetzal

der Unzertrennliche

der Ara

der Kolibri

der Sittich

das Schopfhuhn

der Felsenhahn

der Pfau

ROSA PRACHT

Flamingos leben in Kolonien mit Tausenden Vögeln. Ihre Federn färben sich rosa, weil sie sich unter anderem von roten Krebstierchen ernähren. Oft stehen sie stundenlang auf einem Bein. In dieser Position können sie sogar schlafen!

TIERE DER SAVANNE

Als Savanne bezeichnet man offenes Grasland mit vereinzelten Sträuchern und Bäumen. Die meisten Savannen liegen rund um den Äquator, der die Erde in Nord- und Südhalbkugel teilt. Hier sorgt die Sonne das ganze Jahr über für hohe Temperaturen – perfekte Lebensbedingungen für viele erstaunliche Tiere! Große Pflanzenfresser knabbern an Blättern und Halmen, während mächtige Raubtiere durch die Weite streifen und auf ihre nächste Mahlzeit lauern.

WILDE SAMTPFOTEN

Löwen sind die einzigen Großkatzen, die im Rudel leben. Auf Beutezug gehen hauptsächlich die Weibchen, während die erwachsenen Männchen über das Revier und das Rudel wachen.

der Panther

der Tiger

der Leopard

der Puma

der Jaguar

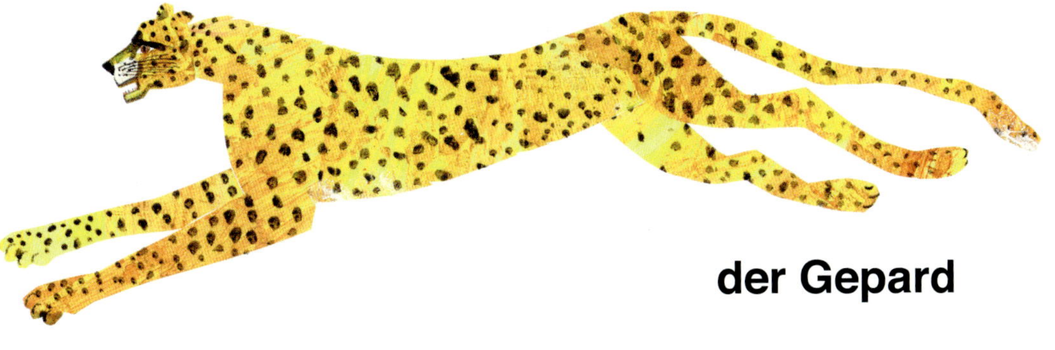

der Gepard

SANFTE RIESEN

Das größte Landtier der Welt hat ein sanftes Gemüt. Sein biegsamer Rüssel ist sehr nützlich: Der Elefant saugt mit ihm Wasser aus Wasserlöchern und führt Nahrung zum Maul, er kann damit riechen und mit Artgenossen kommunizieren!

der Elefant

IN LUFTIGER HÖHE

Vom Kopf bis zu den Hufen ist die Giraffe das größte Tier der Welt. Ein Männchen (oder Bulle) kann fast sechs Meter hoch werden – das sind drei erwachsene Menschen übereinander!

AM WASSERLOCH

der Wasserbüffel

die Hyäne

der Kranich

das Zebra

der Bison

das Krokodil

Ein ganz besonderer Besucher am Wasserloch ist das Flusspferd. Es hält sich am liebsten den ganzen Tag in Flüssen und Seen auf, um sich zu kühlen, und streckt dabei nur Augen, Nase und Ohren aus dem Wasser.

das Flusspferd

SELTENER ANBLICK

Nashörner sind scheue Einzelgänger. Sie haben ein großes Horn aus Keratin – aus demselben Material, aus dem auch unsere Haare und Fingernägel bestehen. Obwohl sie solche Schwergewichte sind, können sie schneller rennen als menschliche Spitzensportler.

das Nashorn

WÜSTEN-TIERE

Wüsten sind riesige trockene, auf den ersten Blick lebensfeindliche Gebiete: Dort regnet es selten, es wachsen kaum Pflanzen, trotzdem leben in der Wüste einige Tiere – man muss nur genau hinsehen! Mal trottet ein Dromedar durch den heißen Sand, mal flitzt eine Eidechse auf Futterjagd aus ihrer Höhle.

WILDE WEITE

Kängurus sind in Australien heimisch und werden richtig groß. Dabei ist ein Kängurubaby klein wie ein Böhnchen, wenn es zur Welt kommt. Hier ein paar Tiere, die in heißen, sandigen Gebieten leben …

die Klapperschlange

der Maultierhirsch

das Wallaby

das Stachelschwein

der Dingo

der Rotluchs

der Präriehund

der Geier

KLASSE KURVEN

Dromedare haben einen Höcker auf dem Rücken. In dem Höcker ist Fett gespeichert, das als Energiequelle dient, wenn das Dromedar in der heißen, sandigen Wüste sonst nichts zu fressen findet. Wenn der Höcker „voll" ist, wölbt er sich nach oben. Ist er leer, sackt er nach unten.

IN EISIGER KÄLTE

Am Nord- und Südpol – am obersten und am untersten Punkt der Erde – gibt es tonnenweise Wasser, allerdings ist es zu Schnee und Eis gefroren. Kaum zu glauben, dass sogar in so kalter Umgebung Tiere leben können! Die Pole sind Heimat einiger sagenhafter Tiere: Eisbären streifen umher, Seehunde ruhen sich auf Eisschollen aus und Pinguinküken wachsen in riesigen Kolonien inmitten einer eisig weißen Welt auf.

EISIGE HEIMAT

das Küken **der Pinguin**

Kaiserpinguine leben in der Antarktis. Während die erwachsenen Tiere Futter jagen, bleiben die Küken in sogenannten Crèches – dichten Ansammlungen von Jungtieren – in sicherer Obhut. Hier sind weitere Tiere, die in der Eiseskälte leben …

das Walross

der Eisbär

das Rentier

der Schneeleopard

der Polarhase

der Moschusochse

EINHORN DER MEERE

Der Narwal ist ein ganz besonderer Wal:
Die Männchen haben einen langen,
schraubenförmig gedrehten Stoßzahn,
der wie ein Horn aus dem Oberkiefer ragt.
Das wunderliche Tier wechselt mit dem
Alter die Farbe: Die Kälber sind blaugrau,
erwachsene Narwale fleckig grau und alte
Tiere fast kreideweiß.

der Narwal

Der Blauwal ist das größte Tier der Welt. Sein Herz ist groß wie ein Kleinwagen, und man könnte glatt durch seine Adern schwimmen. Er mag riesig sein – doch auch der Blauwal ist ein sanfter Riese, der in Seelenruhe durchs Wasser gleitet und dabei am Tag vierzig Millionen Krillkrebse verschlingt!

der Blauwal

BLAUE SCHÖNHEIT

MEERES-BEWOHNER

Mehr als siebzig Prozent der Erdoberfläche sind von Ozeanen bedeckt, und die wilde Wasserwelt ist von faszinierenden Tieren bevölkert. Bunte Fische flitzen durch schillernde Korallenriffs, behäbige Wesen dümpeln über den sandigen Grund, während weit draußen Giganten der Meere Tausende Kilometer am Stück zurücklegen.

IN DER TIEFE

der Hai

der Krake

der Barrakuda

die
Meeresschildkröte

der Hummer

der
Fliegende Fisch

der Tümmler

SUPERSINN

Delfine leben in sogenannten Schulen und verbringen ihre Zeit mit Spielen, Quatschen und der Futterjagd. Um Beute aufzuspüren, setzen sie ein hohes Quiekgeräusch ein: das Biosonar, eine Art Echo-Ortung.

TENTAKELWUNDER

Diese außergewöhnlichen Wesen haben weder Hirn, Knochen, Blut noch Herz. Trotzdem leben sie seit Jahrmillionen in unseren Meeren. Quallen gab es schon vor den Dinosauriern!

die Qualle

FANTASTISCHE FISCHE

Das männliche Seepferdchen hat eine Bauchtasche. In diese Tasche legt das Weibchen bis zu zweihundert Eier. Sobald die Babys schlüpfen, klammern sie sich mit ihren Schwänzchen aneinander und treiben mit der Strömung ins Meer.

der Blattfisch

der Steinfisch

die Seeschnepfe

der Buntbarsch

der Kurter

der Katzenwels

der Laternenfisch

die Seenadel

der Rotfeuerfisch

KÜSTENBEWOHNER

Pelikane sind große, schnelle Vögel mit riesigen Kehlsäcken, die sie durchs Wasser ziehen, um Fische zu fangen. Hier noch ein paar andere Küstenkreaturen …

das Küken

der Pelikan

der Seelöwe

die Möwe

der Papageitaucher

die Karettschildkröte

der Seestern

die Robbe

HAUS HUCKEPACK

Einsiedlerkrebse wohnen in leeren Schneckenhäusern oder Muschelschalen. Sie haben harte, scharfkantige Scheren, doch der Rest des Körpers ist so weich, dass sie sich in jedes Schneckenhaus rollen können und sich dann darin festklammern. Wenn der Einsiedlerkrebs zu groß für sein Haus wird, muss er ausziehen und sich ein neues suchen.

der Einsiedlerkrebs

TIERE DER BERGE

Das Gebirge ist eine Landschaftsform, die es auf jedem Kontinent gibt. Seit Jahrtausenden leben dort Menschen und Tiere. Dabei sind Berge nicht leicht zu bewohnen, und auf den schneebedeckten Gipfeln, wo es nur wenig zu fressen gibt, im eiskalten Winter und an steilen Felswänden müssen Tiere kluge Techniken zum Überleben entwickeln. Trotzdem sind Berge einfach magisch. Von einem Gipfel die Welt zu überblicken, ist unbeschreiblich!

HOCH HINAUS

der Steinadler

Steinadler sind große Greifvögel, die hoch über Bergkuppen kreisen. Männchen und Weibchen kehren jedes Jahr zum selben Nest zurück. Wenn die Küken schlüpfen, fängt das Männchen Futter für Weibchen und Nachwuchs, während das Weibchen bei den Küken bleibt. Hier ein paar weitere Bergbewohner …

der Steinbock

der Weißkopfseeadler

das Yak

der Hase

die Schneeziege

BÄRENSTARK

Der Panda verbringt VIEL Zeit mit Fressen! Ein neu geborenes Pandababy ist schweinchenrosa und wiegt gerade einmal hundert Gramm. Dagegen sind die Eltern riesig! Um genug zu sich zu nehmen, futtern erwachsene Pandas bis zu zwölf Stunden am Tag Bambus.

der Große Panda

SCHLAFMÜTZEN

Braunbären leben überall auf der Welt in Bergen und Wäldern. Genau wie andere Bären ziehen sie sich in den kalten Wintermonaten in ihre Höhlen zurück und halten Winterruhe. Die gewaltigen Tiere wachen erst wieder auf, wenn die Frühlingssonne sie wärmt!

der Braunbär

WALD-BEWOHNER

Ein Wald ist eine Landfläche, die von Bäumen bedeckt ist. Bäume wachsen überall dort, wo es Wasser gibt – zum Beispiel an Flüssen. Bäume bieten für verschiedenste Tiere den perfekten Lebensraum. Einige nisten weit oben in den Wipfeln, andere bauen sich einen Unterschlupf im Stamm oder buddeln Höhlen zwischen dicken Wurzeln. Und auch die Wasserläufe, die sich durch dichtestes Grün schlängeln, sind Heimat für unterschiedlichste faszinierende Tiere.

KLEINE WÜHLER

Waldmäuse schlafen tagsüber in einem Bau unter der Erde und kommen erst im Schutz der Dunkelheit heraus, um Samen und Früchte zu fressen.

WACH IN DER NACHT

der Fuchs

die Fledermaus

der Igel

der Skunk

der Rotwolf

die Ratte

die Eule

Eulen sind stille, nachtaktive Jäger, die kleinere Tiere wie Mäuse fressen. Sobald sie Beute erspähen, stürzen sie hinab und packen mit ihren scharfen Krallen zu.

KÖNIG DER BAUMKRONEN

Gleithörnchen sausen von Baum zu Baum. Sie können mitten im Flug scharf kehrtmachen, um Fressfeinden wie Eulen auszuweichen! Hier noch andere Tiere, die sich hoch oben in Baumkronen wohlfühlen …

die Taube

das Eichhörnchen

die Krähe

der Specht

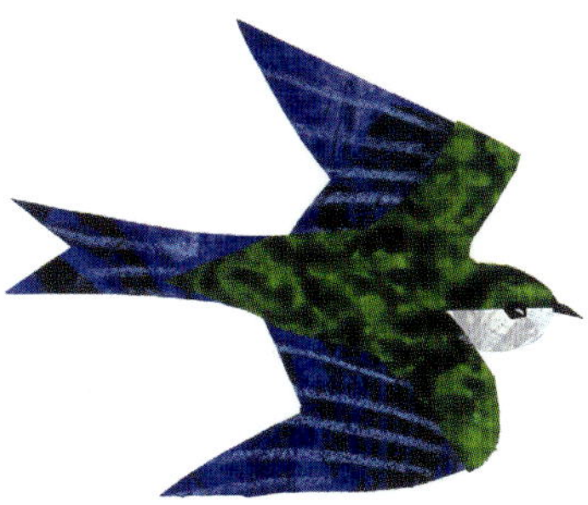

die Schwalbe

der Spatz

die Meise

die Amsel

der Blauhäher

WALDFREUNDE

Ein Rehkitz kommt mit weißen Flecken im Fell zur Welt, die verschwinden, wenn es älter wird. In den ersten Lebenswochen dienen die Flecken der Tarnung im hohen Gras, wo es sich vor Raubtieren versteckt.

KUSCHELBÄRCHEN

Koalas sind Beuteltiere
und leben in Australien. Und sie
haben echt robuste Popos!
Damit können sie sich bequem
in Astgabeln setzen und
ausgiebige Nickerchen halten.

der Koala

FLUSSGEFLÜSTER

der Frosch

der Kanadareiher

die Kaulquappe

der Schwan

die Elritze

das
Küken

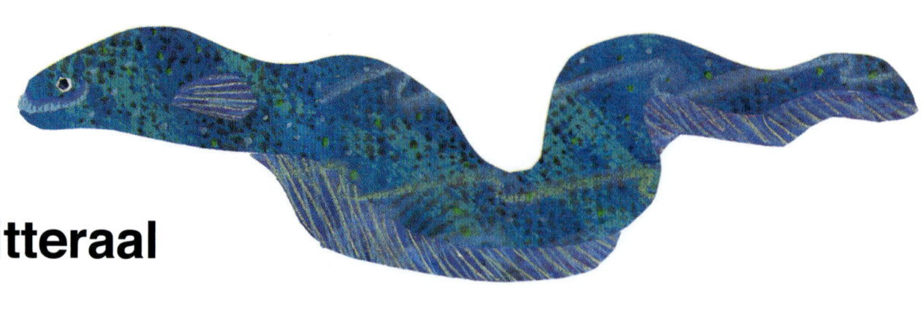

der Zitteraal

Stockenten sind Gründelenten. Beim Gründeln strecken sie den Schwanz in die Höhe und tauchen mit dem Kopf unter Wasser, um das Flussbett nach Nahrung abzusuchen.

die Ente

IRRES VIEH

Das Schnabeltier ist ein merkwürdiges Wesen, das man nur in australischen Flüssen antrifft. Es hat einen Schnabel und Füße wie eine Ente, den Körperbau und Pelz eines Otters und den Schwanz eines Bibers!

das Schnabeltier

TIERE UM UNS HERUM

Mensch und Tier leben und arbeiten schon seit Jahrtausenden eng zusammen. Tiere machen uns glücklich, und bis heute nehmen überall auf der Welt Menschen die unterschiedlichsten Tiere bei sich zu Hause auf.

HAUSTIERE

der Hund

Hunde haben einen extrem ausgeprägten Geruchssinn. Damit können sie verlorene Gegenstände aufspüren und sogar manche Krankheiten erschnüffeln. Hier einige andere beliebte Haustiere …

die Schlange

die Katze

der Hamster

die Rennmaus

die Landschildkröte

der Goldfisch

der Papagei

das Kaninchen

die Eidechse

AUF DEM BAUERNHOF

Das männliche Huhn heißt Hahn. Bei Tagesanbruch macht der Hahn gern laut Krach, um anderen Hähnen zu signalisieren, dass der Bauernhof ihm allein gehört: „Kikeriki!“ Hier ein paar weitere Tiere vom Bauernhof …

das Küken

die Henne

der Hahn

das Pferd

das Schaf

die Kuh

die Ziege

der Esel

das Schwein

der Truthahn

GARTENGÄSTE

der Wurm

die Raupe

die Schaumzikade

der Grashüpfer

der Hirschkäfer

der Klickkäfer

die Grille

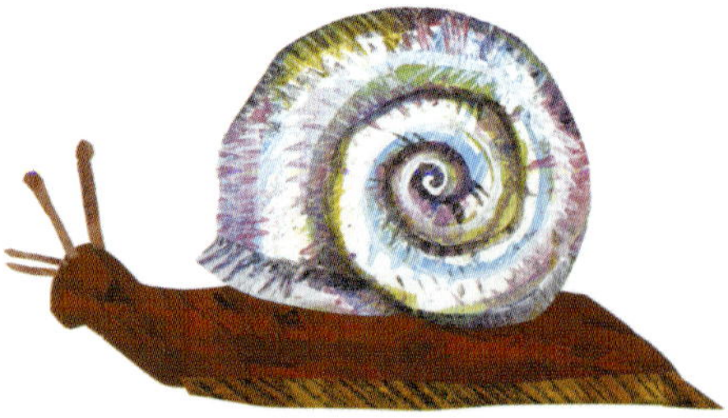

die Schnecke

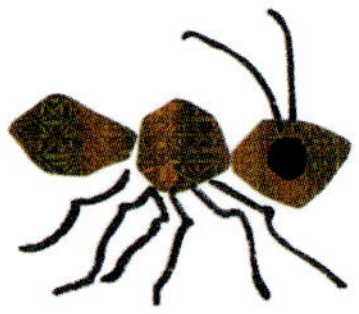

die Ameise

die Spinne

die Blattlaus

die Honigbiene

Bienen leben in Bienenstöcken mit einer Königin, männlichen Drohnen und weiblichen Arbeiterinnen. Eine Arbeiterin produziert in ihrem Leben etwa ein Viertel Teelöffel Honig.

BEFLÜGELT

der Schmetterling

An heißen Tagen landen Schmetterlinge manchmal an Pfützen, um aus dem Wasser und Schlamm Mineralstoffe zu schlürfen.

die Zikade

die Lunamotte

die Wespe

die Mücke

das Glühwürmchen

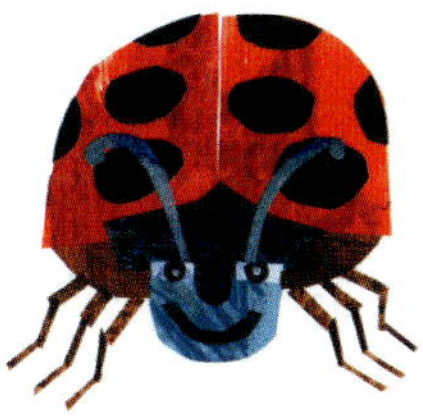

der Marienkäfer

die Heuschrecke

die Motte

die Hummel

die Fliege

die Libelle